U0737728

十二届全国人大四次会议《政府工作报告》学习辅导

2016年政府工作总体要求和经济社会发展主要预期目标

肖炎舜 著

中国言实出版社

图书在版编目(CIP)数据

2016年政府工作总体要求和经济社会发展主要预期目标/肖炎舜著. —北京：中国言实出版社，2016.3
ISBN 978-7-5171-1822-0

Ⅰ. ①2… Ⅱ. ①肖… Ⅲ. ①中国经济—经济发展—研究—2016②社会发展—研究—中国—2016 Ⅳ. ①F124

中国版本图书馆CIP数据核字（2016）第061863号

出 版 人：王昕朋
责任编辑：曹庆臻
文字编辑：郭江妮

出版发行　中国言实出版社
　　　　　地　址：北京市朝阳区北苑路180号加利大厦5号楼105室
　　　　　邮　编：100101
　　　　　编辑部：北京市海淀区北太平庄路甲1号
　　　　　邮　编：100088
　　　　　电　话：64924853（总编室）64924716（发行部）
　　　　　网　址：www.zgyscbs.cn
　　　　　E-mail：zgyscbs@263.net
经　　销　新华书店
印　　刷　三河市祥达印刷包装有限公司
版　　次　2016年3月第1版　2016年3月第1次印刷
规　　格　850毫米×1168毫米　1/32　0.5印张
字　　数　7.7千字
定　　价　3.50元　　ISBN 978-7-5171-1822-0

李克强总理在十二届全国人大四次会议上所作的《政府工作报告》中强调，做好政府工作，必须高举中国特色社会主义伟大旗帜，全面贯彻党的十八大和十八届三中、四中、五中全会精神，以邓小平理论、"三个代表"重要思想、科学发展观为指导，深入贯彻习近平总书记系列重要讲话精神，按照"五位一体"总体布局和"四个全面"战略布局，坚持改革开放，坚持以新发展理念引领发展，坚持稳中求进工作总基调，适应经济发展新常态，实行宏观政策要稳、产业政策要准、微观政策要活、改革政策要实、社会政策要托底的总体思路，把握好稳增长与调结构的平衡，保持经济运行在合理区间，着力加强供给侧结构性改革，加快培育新的发展动能，改造提升传统比较优势，抓好去产能、去库存、去杠杆、降成本、补短板，加强民生保障，切实防控风险，努力实现"十三五"时期经济社会发展良好开局。这是做好 2016 年政府工作的总体要求，我们要认真学习领会，全面贯彻落实。要注重把握好以下几个方面。

第一，紧紧围绕"五位一体"总体布局和"四个全面"战略布局。党的十八大以来，以习近平同志为总书记的党中央毫不动摇坚持和发展中国特色社会主义，勇于实践、善于创新，深化对共产党执政规律、社会主义建设规律、人类社会发展规律的认识，形成一系列治国理政新理念新思想新战略。"五位一体"总体布局和"四个全面"战略布局的形成，是中国特色社会主义实践不断发展的结果，也是我们党对中国特色社会主义规律认识不断深化的结果，是我国经济社会发展的科学指导和行动指南。党的十八大报告强调"全面落实经济建设、政治建设、文化建设、社会建设、生态文明建设五位一体总体布局"，将中国特色社会主义事业总体布局从四位一体拓展为五位一体，适应了我国经济社会发展的新要求，顺应了人民群众的新期待。从党的十八大提出"全面建成小康社会"新的要求，到十八届三中全会部署"全面深化改革"，十八届四中全会要求"全面依法治国"，党的群众路线教育实践活动总结大会宣告"全面从严治党"，形成了"四个全面"

战略布局。"四个全面"战略布局是我们党在新形势下治国理政的总方略，是事关党和国家长远发展的总战略。"四个全面"每一个"全面"都具有重大战略意义，共同构成一个密切联系的有机整体。全面建成小康社会是战略目标，处于中心位置；全面深化改革、全面依法治国是战略举措，全面从严治党是战略保证。协调推进"四个全面"战略布局，必须紧紧扭住全面建成小康社会战略目标不动摇，紧紧扭住全面深化改革、全面依法治国、全面从严治党不放松，努力做到"四个全面"相辅相成、相互促进、相得益彰。"五位一体"总体布局和"四个全面"战略布局，科学确立了新形势下党和国家各项工作的顶层设计、战略方向。2016年是"十三五"时期的第一年，是全面建成小康社会决胜阶段的开局之年。做好今年政府工作，必须以"五位一体"总体布局和"四个全面"战略布局为指引和统领，把思想认识和行动统一到党中央的重大决策部署上来，努力推动中国特色社会主义事业蓬勃发展。

第二，坚持以创新、协调、绿色、开放、共享的发展理念引领发展。发展理念是发展行动的先导。党的十八届五中全会提出创新、协调、绿色、开放、共享的发展理念，集中反映了我们党对经济社会发展规律认识的深化，对如期全面建成小康社会、实现中华民族伟大复兴的中国梦，具有重大意义。面对新常态下的新变化，破解发展难题，厚植发展优势，必须牢固树立和贯彻落实创新、协调、绿色、开放、共享的发展理念。这是关系我国发展全局的一场深刻变革。《报告》提出，"坚持以新发展理念引领发展"，在具体工作部署中全面贯彻了这一要求。各地区各部门要认真学习领会，把新发展理念内化于心、外化于行，以此破解发展面临的突出问题和挑战。（1）坚持创新发展，切实把发展基点放在创新上，大力实施创新驱动发展战略，以科技创新为引领，推动大众创业、万众创新，促进新产业、新技术、新业态、新模式蓬勃发展，让经济发展的新动能更加充沛、更加强劲。（2）坚持协调发展，按照区域协同、城乡一体的要求，重点实施好"三大战略"，深入推进"四大板块"协调发展，大力推进以人为核心的新型城镇化，推动"新四化"同步发展，推动国家硬实力和软实力同步提升，增强发展整体性，让全面建成小康路上没人"掉队"。（3）坚持绿色发展，以更加坚决的态度、更加有力的措施治理污染、保护环境，坚持在发展中保护、在保护中发展，着重解决人民群众反映强烈的环境问题，做好大气、水、土壤污染防治等重点工作。（4）坚持开放发展，大力推进"一带一路"建设，扩大国际产能和装备制造合作，推动外贸向"优进优出"转变，提高利用外资水平，加快实施自由贸易区战略，培育国际竞争新优势。（5）坚持共享发展，着力保障和改善民生，尤其要把基本民生保住，把底线兜住，让全体人民有更多获得感，增强发展动力，增进人民团结，朝着共同富裕方向不断迈进。

第三，抓好去产能、去库存、去杠杆、降成本、补短板五大重点任务。供给侧结构性改革是"十三五"时期的发展主线。对此，必须按照《报告》部署，突出重点任务，认真抓好落实。（1）着力化解过剩产能。由于长期高速粗放增长，我国有些行业出现了产能严重过剩，许多生产能力无法在市场上实现，既占用大量资源，也导致实体经济边际利润率和平均利润率下降。化解过剩产能是解决企业困难、推动经济持续健康发展绕不过去的坎。必须综合运用经济、法律、技术、环保、质量、安全等手段，严格控制新增产能，坚决淘汰落后产能，有序退出过剩产能。今年要重点抓好钢铁、煤炭等困难行业去产能。（2）着力化解房地产库存。现在许多地方房地产库存过高，既影响房地产市场健康发展，也影响经济稳定运行。但在房地产高库存的同时，许多城镇非户籍人口在城镇并没有合适的住处。因此，必须加快提高户籍人口城镇化率和深化住房制度改革，打通供需通道，既消化房地产库存，促进房地产市场平稳运行，同时也促进提高城镇化质量和水平。（3）着力防范化解金融风险。这是"去杠杆"的重要任务。2015年年底我国商业银行不良贷款余额1.27万亿元，不良贷款率1.67%，比2014年底上升0.38个百分点。目前一些行业企业存在资金链断裂风险，互联网金融领域暴露出一些风险事件。对金融市场上出现的信用违约，要依法加以处置，主动释放信用违约风险。要加强全方位金融监管，防范可能出现的股市、汇市、债市、楼市风险，防止交叉感染，坚决守住不发生系统性区域性风险的底线。（4）着力帮助企业降本增效。企业经营困难的主要原因是工业品价格下降、生产经营成本持续攀升。要按照五中全会提出的"开展降低实体经济企业成本行动"的要求，采取综合措施，降低企业制度性交易成本、税费负担以及物流、用能、财务等成本，使企业增强竞争力。（5）着力扩大有效供给。结构性改革既要做减法，也要做加法，就是要加快补齐经济社会领域的短板。这既包括产业领域的短板，也包括基础设施方面的短板；既包括城乡区域发展不平衡的短板，也包括经济社会发展"一条腿长、一条腿短"的短板。要积极支持节能环保、新一代信息技术、高端装备制造等产业成长，促进健康、教育、养老、旅游等服务业发展。提高投资有效性和精准性，补齐软硬基础设施短板。打好扶贫攻坚战，把扶贫攻坚同扩大有效供给、化解产能过剩有机结合起来。

第四，实行宏观政策要稳、产业政策要准、微观政策要活、改革政策要实、社会政策要托底的总体思路。这是相互配合的五大政策支柱。（1）宏观政策要稳。就是要把握好宏观调控的力度和节奏，保持经济运行在合理区间，为结构性改革营造稳定的宏观经济环境。积极的财政政策要加大力度，阶段性提高财政赤字率，适度扩大财政赤字，主要用于减税降费、减轻企业负担。稳健的货币政策要灵活适度，为结构性改革营造适宜的货币金融环境。要保持流动性合理充裕和社会融资总量适度增长，疏通传导机制，降低融资成本，加强对实体经济、重点领域、薄弱环节特别是小微企业、"三农"等支持。（2）产业政策要准。就是要瞄准结构性改革的方向和要求，坚持创新驱动，注重激活存量，着力补齐短板，为加快推进农业现代化、加快建设制造强国、加快发展服务业、提高基础设施网络化水平等提供政策支持，推动形成新的增长点。（3）微观政策要活。就是要完善市场环境、激发企业活力和消费者潜力。坚持和完善基本经济制度，保护各种所有制企业产权和合法利益，提高企业投资信心，改善企业市场预期。做好为企业服务工作，在制度上、政策上营造宽松的市场经营和投资环境。引导企业针对不同消费群体挖掘消费潜力，满足多元化、个性化需求。（4）改革政策要实。改革是最强大的发展动力。要完善落实机制，改变以文件落实文件的方式，敢于啃硬骨头、敢于涉险滩，抓好改革举措落地工作，使改革不断见到实效，使群众有更多获得感。调动地方积极性，允许地方进行差别化探索，发挥基层首创精神。（5）社会政策要托底。就是要守住民生底线，守住社会稳定底线。在社会政策上要把握好基调，更好发挥社会保障的社会稳定器作用，把重点放在兜底上，保障群众基本生活，保障基本公共服务。

《报告》明确提出，今年发展的主要预期目标是：国内生产总值增长 6.5%—7%，居民消费价格涨幅 3% 左右，城镇新增就业 1000 万人以上，城镇登保证市场就业基本稳定，仍然需要安排 1000 万以上人就业。（2）考虑了与 6.5%—7% 的经济增速的衔接。随着经济规模扩大、服务业快速发展、商事制度改革带动创业就业较快增长，经济增长对就业的吸纳能力不断提高。据有关部门测算，按 6.5% 的经济增速，可带动新增城镇就业 1100 多万人，按 7% 的经济增速，带动新增城镇就业人数会更多，达到 1200 万人。（3）守住保就业的底线也要下大功夫。今年不确定因素较多，特别是企业生产经营困难加重，部分地区、行业稳岗压力较大。要坚持实施更加积极的就业政策，鼓励以创业带动就业，落实好就业促进计划和创业引领计划，促进多渠道就业创业。

第四，保持国际收支基本平衡。《报告》提出"进出口回稳向好，国际收支基本平衡"，这一目标的设定反映了促进对外贸易稳定发展的政策取向，也是对国际大环境变化的客观估量。2015 年，我国不断完善对外开放战略布局，促进对外贸易优化升级，推动外贸从"大进大出"向"优进优出"转变，加快自贸区建设，加大人民币国际化步伐，积极推进"一带一路"建设，加强国际产能合作，推动"引进来"和"走出去"更好结合，开放型经济水平进一步提高。全年货物进出口总额达到 24.6 万亿元，继续位居世界第一，占世界贸易总额的比重进一步提高。其中，出口 14.1 万亿元，下降 1.8%，但降幅小于世界出口降幅，出口占世界出口总额比重继续提高。全年吸收外商直接投资新设立企业 26575 家，比上年增长 11.8%；实际使用外商直接投资 7814 亿元，增长 6.4%；全年非金融类对外直接投资 1180 亿美元，比上年增长 14.7%。在国际经济环境错综复杂的形势下，取得这些成绩极为不易。2016 年 1—2 月，我国进出口总额 3.31 万亿元人民币，同比下降 12.6%。其中，出口 1.96 万亿元，下降 13.1%；进口 1.35 万亿元，下降 11.8%。这种情况反映，今年我国进出口面临的国际形势可能更为严峻，实现"进出口回稳向好，国际收支基本平衡"的目标，需要我们付出极为艰苦的努力。要按照《报告》部署，扎实推进"一带一路"建设，扩大国际产能合作，促进外贸创新发展，提高利用外资水平，加快实施自由贸易区战略，在开放中增强发展新动能、增添改革新动力、增创竞争新优势。